복 있는 사람

오직 여호와의 율법을 즐거워하여 그 율법을 주야로 묵상하는 자로다.
저는 시냇가에 심은 나무가 시절을 좇아 과실을 맺으며 그 잎사귀가 마르지 아니함 같으니
그 행사가 다 형통하리로다. (시편 1:2-3)

주와 같이 길가는 것

Max Lucado
Let the Journey Begin

주와 같이 길가는 것

맥스 루케이도 지음 | 윤종석 옮김

복 있는 사람

주와 같이 길가는 것

2001년 11월 15일 초판 1쇄 발행
2021년 6월 7일 초판 30쇄 발행

지은이 맥스 루케이도
옮긴이 윤종석

펴낸이 박종현
(주) 복 있는 사람
주소 서울특별시 마포구 연남동 246-21(성미산로23길 26-6)
전화 02-723-7183(편집), 7734(영업·마케팅) 팩스 02-723-7184
이메일 hismessage@naver.com
등록 1998년 1월 19일 제1-2280호

ISBN 89-951014-5-8

Let the Journey Begin
by Max Lucado

Copyright ⓒ 2001 by Max Lucado
All rights reserved.

Excerpted from The Great House of God 1997, In the Grip of Grace 1996, The Applause of Heaven 1999, How to Study the Bible 1997, A Gentle Thunder 1995, When God Whispers Your Name 1999, ⓒ by Max Lucado. Used by permission of W Publishing, a division of Thomas Nelson Inc.

Korean translation rights ⓒ 2001 by The Blessed People Publishing Co., Seoul.
Korean translation rights arranged with J. Countryman, a division of Thomas Nelson Inc.
through Eric Yang Agency, Seoul.

이 책의 한국어판 저작권은 에릭 양 에이전시를 통해 J. Countryman, a division of Thomas Nelson Inc. 사와의 독점 계약으로 한국어 판권을 (주) 복 있는 사람이 소유합니다. 저작권법에 의하여 한국내에서 보호를 받는 저작물이므로 무단전재와 복제를 금합니다.

차례

들어가는 말

1 인생 여정을 위한 하나님의 계획 성공 약도

하나님의 사랑 | 하나님의 능력 | 철창에 갇힌 신세 | 우리 팀 새 선수 | 승리는 진리의 것 | 용기는 성품에서 나온다 | 하나님이 안된다고 하실 때 | 누구나 아버지가 필요하다 | 날마다 과자의 날? | 실망의 치료제 | 기쁨을 약속하신 하나님

2 서서 보고 듣기 좋은 여행을 위한 좋은 습관들

네 가지 건강한 습관 | 기도는 값진 보석 | 나침반 방향 점검 | 은혜는 삶을 가르친다 | 더 높은 기준을 접한 후 | 자백의 다리 | 풍랑 속의 항해 | 하나님께 솔직히 | 영혼의 토양

3 갈림길에서 갈 길 정하기

삶의 목표 | 하나님의 뜻 알기 | 나는 사랑을 택한다 | 마음의 불 | 탁월함에 대한 열정 | 하나뿐인 나 | 나를 특별하게 만드는 하나님의 서명 | 전지한 인간? | 하나님의 최고 꿈

4 위험과 우회로 속도를 늦춰 사고를 피하라

하나님 없는 삶 | 복수는 사나운 불 | 당신 마음에 구멍이? | 말다툼의 해답 | 미움에 허리 굽는다 | 앙갚음의 비싼 대가 | 심판석에서 내려오라 | 오르지 못할 산 | 영혼을 죽이는 것 | 하나님의 분노 | 은혜는 논리가 아니다

5 둘이면 더욱 좋다 당신의 길동무

늘 곁에 계신 하나님 | 하나님의 이름을 가슴에 묻고 | 응원하시는 하나님 | 정말 알고 싶은 것 | 마음의 집 | 바로 당신을 위한 것 | 하나님의 크기는? | 하나님 우리의 집 | 하늘을 날 듯 가벼운 걸음 | 하나님의 생각

맺는 말 우리에게 기도를 가르치소서

들어가는 말

누구나 마음속 깊은 곳에는 의미를 향한 갈망, 목적을 향한 추구가 있다.

세상 사람들에게 삶의 의미가 무어냐고 물으면 "모른다"고 할 것이다. 기껏해야 인간이 진화된 동물이라 할 것이고 최악의 경우는 재배열된 우주의 먼지라 할 것이다.

삶에 대한 하나님의 시각과 얼마나 대조적인가. "우리를 창조하신 분은 하나님이십니다. 우리는 선한 일을 위해 그리스도 예수님 안에서 창조함을 받았는데 이것은 하나님이 미리 준비하셔서 우리가 그렇게 살도록 하신 것입니다"(에베소서 2:10).

하나님은 당신의 어깨에 손을 얹으시고 이렇게 말씀하셨다. "너는 특별한 존재다."

시간의 속박이 없는 그분은 우리 모두를 보신다. 사실 그분은 우리가 태어나기도 전부터 우리를 보셨다.

그리고 그 보이는 모습을 사랑하신다. 별을 지으신 분이 자랑에 겨워 격한 마음으로 우리를 일일이 한 사람씩 보시며 말씀하신다. "너는 내 자녀이다. 내가 너를 진심으로 사랑한다."

맥스 루케이도

인생 여정을 위한 하나님의 계획

성공 약도

하나님을 십자가에 매달아 둔 것은
못이 아니라 사랑이다.

하나님의 사랑

하나님이 물으신다. "너를 향한 내 사랑을 멈추게 할 수 있는 것이 있을까? 내가 네 언어로 말하고, 네 땅에서 자고, 네 상처를 느끼는 것을 봐라. 시각과 음향을 지은 자가 재채기하고 기침하고 코를 푸는 것을 봐라. 내가 네 기분을 이해할지 잘 모르겠다고? 나사렛 아이의 춤추는 눈을 들여다 봐라. 하나님이 걸어서 학교에 가고 있다. 마리아의 식탁에 앉은 걸음마 아이를 떠올려 봐라. 하나님이 우유를 엎지르고 있다."

"내 사랑이 얼마나 오래 갈지 잘 모르겠다고?
바위 언덕의 나무, 십자가 위에서 답을 찾아라. 그 위에 보이는 것이 나다. 너를 지은 자, 네 하나님이다. 못에 찔려 피 흘리고 있다. 침 묻고 죄에 젖어 있다. 네 죄를 내가 느끼고 있다. 네 죽음을 내가 죽고 있다. 네 부활을 내가 살고 있다. 나는 너를 그만큼 사랑한다."

인생의 핵심 질문은
"내가 얼마나 강한 자인가?"가 아니라
"하나님이 얼마나 강하신 분인가?"이
다.

하나님의 능력

자신의 근육의 두께에 매달리지 말고 하나님의 성품을 의지하라. 그것이 하나님이 모세에게 하신 말씀이다. 불붙은 떨기나무 앞의 대화를 기억하는가? 첫 문장부터 말투가 분명했다. "네가 선 곳은 거룩한 땅이다. 신을 벗어라"(출애굽기 3:5). 이 한마디 말씀으로 모세는 하나님 학교의 수강생이 된다. 역할은 즉시 정해진다. 하나님은 거룩하신 분이다. 굵기가 1센티미터도 안되는 가죽신을 신고 그분께 간다는 것은 너무 건방진 일이다…. 하나님은 모세에게 모세의 능력을 납득시키는 데 단 한순간도 소비하지 않으신다. 반면 하나님의 능력을 설명하시는 데는 많은 시간이 할애된다.

당신과 나는 반대로 하는 경향이 있다. 우리라면 모세에게, 그가 사명을 안고 이집트로 돌아가기에 얼마나 이상적인 적임자인지 설명할 것이다…. 또한 그가 광야 이동에 얼마나 완벽한 자인지 지적해 줄 것이다…. 우리라면 모세와 함께 그의 이력서와 장점을 검토하는 데 시간을 들일 것이다.

그러나 하나님은 그렇게 하시지 않는다. 모세의 힘은 전혀 고려 대상이 아니다. 격려사도 없고 등을 두드려 주시지도 않는다. 모세를 징발하시고자 그분이 하신 말씀은 한마디도 없다. 그러나 하나님을 계시하는 데는 많은 말이 사용된다. 문제는 모세의 힘이 아니라 하나님의 능력이다.

마음이 바뀌면 삶도 달라진다.

철창에 갇힌 신세

이렇게 생각해 보라. 죄는 당신을 옥에 가두었다. 죄책감과 수치심과 기만과 두려움의 철창 뒤에 가두었다. 죄가 한 일이라곤 당신을 불행의 벽에 사슬로 맨 것뿐이다. 그때 예수님이 오셔서 당신의 보석금을 치르셨다. 당신의 형기를 대신 치르셨다. 형벌을 대신 당하여 당신을 풀어 주셨다. 그리스도가 죽으셨다. 그분과 운명을 같이할 때 당신의 옛 자아도 죽었다.

죄의 감옥에서 해방되는 유일한 길은 형벌을 치르는 것이다. 이 경우 형벌은 죽음이다. 당신이 죽든 하늘에서 오신 대리자가 죽든 누군가 죽어야 한다. 죽음이 없는 한 당신은 감옥을 떠날 수 없다. 그러나 그 죽음은 갈보리에서 이루어졌다. 예수님이 죽으실 때 당신도 죽었다. 당신의 생명을 노리는 죄의 청구에 대해 죽었다. 당신은 자유인이다.

죄 때문에 영적으로 죽었던 우리를
그리스도와 함께 다시 살려 주셨습니다
(에베소서 2:5).

우리 팀 새 선수

어렸을 때 우리 동네 아이들은 길에서 풋볼을 하며 놀곤 했다. 우리는 학교에서 오자마자 책가방을 던져놓고 밖으로 뛰쳐나갔다. 길 건너에 사는 한 아이의 아빠는 풋볼이라면 사족을 못 쓰는 아저씨였다. 아저씨가 퇴근하여 집에 들어서기가 무섭게 우리는 밖에 나와 함께 풋볼을 하자고 소리를 질러댔다. 아저씨는 그 소리를 물리칠 수 없었다. 공평하게 아저씨는 항상 "지는 팀이 어디냐?"고 물은 뒤 그 팀으로 들어가곤 했다. 대개 내가 속한 팀이었던 것 같다.

우리 팀에 아저씨가 나타나면 게임은 완전히 달라졌다. 아저씨는 자신감 넘치고 힘이 좋았으며 무엇보다 계획이 있었다. 우리가 빙 둘러서면 아저씨는 우리를 보며 이렇게 말했다. "얘들아, 좋다. 지금부터 이렇게 하는 거다." 우리가 다시 구장으로 흩어지기도 전부터 상대팀에서는 죽는소리가 났다. 우리 팀에는 새 계획뿐 아니라 새 지도자가 있었던 것이다.

아저씨는 우리 팀에 새 생명을 주었다. 하나님이 하시는 일도 똑같다. 우리에게 필요한 것은 새 게임이 아니라 새 계획이다. 우리에게 필요한 것은 선수들의 위치를 바꾸는 것이 아니라 새 선수이다. 그 선수가 하나님의 만아들 예수 그리스도이다.

영원의 큰 질문에 답을 찾으면
삶의 작은 질문들은 저절로 풀린다.

승리는 진리의 것

당신이 경기에 출전한 스케이트 선수라 하자. 현재 당신은 한 경기만 더 남겨 두고 1위를 달리고 있다. 잘하면 우승컵은 당신 것이다. 마음이 불안하다. 떨린다. 두렵기까지 하다.

그때, 마지막 경기가 시작되기 불과 몇 분 전에 당신의 코치가 급히 달려와 꿈같은 소식을 전한다. "넌 이미 이겼어! 심판들의 점수 집계 결과 현재 2위인 선수가 이번에 아무리 잘해도 너를 따라잡을 수 없다는 거야. 네 점수가 월등히 앞서 있는 거지."

그 소식을 들은 당신은 기분이 어떨까? 기뻐 어쩔 줄 모를 것이다.

스케이트는 어떻게 탈까? 겁내며? 조마조마하게? 말도 안 된다. 자신 있고 당당하게 타지 않을까? 당연히 그럴 것이다. 상이 이미 당신 것이기에 최선을 다할 것이다. 챔피언처럼 은반을 누빌 것이다. 실제 챔피언이기 때문이다! 승리의 박수갈채가 들려 올 것이다….

요지는 분명하다. 승리는 진리의 것이다. 진리의 아버지가 이기실 것이며, 진리를 따르는 자들은 구원받을 것이다.

믿음은 거대한 도전을 꿈꾸는 영혼의 기개이다.

용기는 성품에서 나온다

인도의 전설에 고양이를 무서워하는 쥐가 있었다. 마술사는 쥐를 고양이가 되게 해주었다. 그러자 두려움이 사라졌다…. 그러다 개를 만났다. 마술사는 다시 고양이를 개가 되게 해주었다. 한때 쥐와 고양이였던 개는 잠시 안심했으나 곧 호랑이를 만났다. 이번에도 마술사는 개를 그 두려움의 대상인 호랑이가 되게 해주었다. 그러나 얼마 후, 그 호랑이가 사냥꾼을 만났다고 투덜대며 찾아오자 마술사는 더 이상 도와주지 않았다. "너를 다시 쥐가 되게 해주마. 몸은 호랑이인데도 여전히 쥐의 마음을 가졌기 때문이다."

어디서 많이 듣던 얘기 같지 않은가? 겉은 무시무시하게 꾸몄지만 속으로는 두려움에 떨고 있는 자들이 우리 주변에 얼마나 많은가? 우리는 겉모양을 호랑이같게 함으로 불안을 이기려 한다. 힘으로 두려움에 맞서려 한다….

힘을 사용하지 않는다면 다른 방법들을 시도한다. 부를 쌓는다. 물질로 안전을 추구한다. 명성을 쌓으며 지위를 구한다. 그러나 이런 방법들이 통하던가? 권력이나 소유나 인기가 정말 우리를 두려움에서 구해 줄 수 있을까?…

용기란 됨됨이의 산물이다. 외적 받침대로 당장은 지탱할지 모르나 용기는 내면의 성품에서만 나오는 법이다.

하나님은 우리가 영원히 점잔빼며 걷기 보다는
차라리 이따금씩 절뚝거리는 쪽을 원하신다.

그 점을 밝히시는 데 가시가 필요하다면
그분은 그 가시를 뽑지 않을 만큼 우리를 사랑하신다.

하나님이 안된다고 하실 때

원하는 것 한가지가 끝내 주어지지 않을 때가 있다…. 당신은 문이 열리기만을 원한다. 하루만 더 시간이 주어지기를 원한다. 기도 응답을 원한다. 그렇게만 된다면 감사할 것이다.

그래서 당신은 기도하고 기다린다.

응답이 없다.

기도하고 기다린다.

응답이 없다.

기도하고 기다린다.

아주 중요한 질문을 하나 던져도 괜찮을까? 하나님이 안된다고 하시면 어떻게 할 것인가? 구한 것이 연기되거나 아예 거부된다면? 하나님이 안된다고 하실 때 당신은 어떻게 반응할 것인가?

하나님이 "나는 네게 내 은혜를 주었고, 그것으로 족하다"고 말씀하신다면 당신은 자족할 것인가?

자족. 바로 그것이다. 하나님이 이미 주신 것 외에 더 이상 아무 것도 주시지 않는다 해도 평안할 수 있는 마음 상태. 이 질문으로 자신을 테스트해 보라. 하나님이 내게 주실 유일한 선물이 구원의 은혜라면 나는 자족할 것인가? 그분이 "내 은혜가 네게 족하다"고 답하신다면 당신은 자족할 것인가?

하늘의 관점에서 보면, 과연 그 은혜가 족하다.

하나님의 가슴을 만지고 싶거든
그분이 듣고 싶어하시는 이름을 사용하라.
그분을 아버지라 부르라.

누구나 아버지가 필요하다

최근 나는 딸 제나와 함께 예루살렘 옛 도시에서 며칠을 보낸 일이 있다…. 어느 날 오후, 자파문을 빠져나가는데 우리 앞에 정통 유대교 가정이 가고 있었다. 아버지와 세 어린 딸이었다. 그 중 네다섯 살쯤 돼 보이는 딸 하나가 몇 걸음 뒤로 처지는 바람에 아버지가 보이지 않게 되었다. "**아바**!" 아이는 아버지를 불렀다. 아버지는 걸음을 멈추고 뒤를 둘러보았다. 그제서야 그는 딸과 거리가 벌어진 것을 알았다. "**아바**!" 아이는 다시 불렀다. 아버지는 아이를 찾아내 즉시 손을 내밀었다….

아버지는 딸의 손을 꼭 쥐고 내리막길을 내려갔다…. 신호가 바뀌자 아버지는 그 아이와 다른 두 딸을 잘 이끌고 교차로를 건넜다. 길 한복판에서 그는 몸을 굽혀 그 딸을 덥석 품에 안은 뒤 계속 걸음을 이었다.

그것이 우리 모두에게 필요한 것 아닌가? 우리가 부를 때 들으실 **아바**. 우리가 약할 때 손잡아 줄 **아바**. 인생의 복잡한 교차로에서 우리를 이끌어 줄 **아바**. 우리도 다 아바가 필요하지 않은가? 우리를 덥석 품에 안고 집으로 데려가 줄 아바. 누구나 그 아버지가 필요하다.

예수님께도 삼키기 어려운 음식이 주어졌다.
그러나 하나님의 도움으로 그분은 삼키셨다.
(마태복음 26:39 참조)

날마다 과자의 날?

어젯밤 가정예배 시간에 나는 딸들을 식탁에 불러놓고 한 사람 앞에 하나씩 접시를 놓았다. 식탁 중앙에는 과일과 날것 야채와 과자가 한데 놓여 있었다. 나는 말했다. "날마다 하나님은 우리에게 경험이라는 접시를 차려 주신다. 너희가 접시에 가장 즐겨 담는 음식은 뭐지?"

답은 쉬웠다. 사라는 자기 접시에 과자를 세 개 담았다. 그런 날들도 있다. 그렇지 않은가?

'과자 세 개'의 날들도 분명 있다. 그러나 그렇지 않은 날들도 많다. 우리의 접시에 야채밖에 없는 날들도 있다. 24시간 내내 샐러리와 당근과 호박만 먹어야 하는 날. 하나님은 분명 우리에게 기력이 필요함을 아신다. 삼키기 어려운 음식일지라도 실은 우리의 유익을 위한 것이 아닌가?

그래도 대부분은 여러 가지가 조금씩 섞여 있는 날이 많다. 건강에는 좋지만 맛이 밋밋한 야채. 맛이 좋아 먹기도 좋은 과일. 영양가는 많지 않지만 칭찬으로 쓰기 좋은 과자도….

다음번 당신의 접시에 애플파이보다 브로콜리가 더 많더라도 그 식사를 차리신 분이 누구인지 기억하라. 다음번 당신의 접시에 삼키기 어려운 음식이 있거든 하나님께 말씀드리라. 예수님도 그렇게 하셨다.

실망의 치료제

하나님이 우리가 원하는 대로 해주시지 않을 때, 쉽지 않다. 전에도 쉽지 않았고 앞으로도 쉽지 않을 것이다. 그러나 믿음이란, 하나님이 인생에 대해 우리보다 더 잘 아시며 우리의 삶을 책임지신다는 확신이다.

잊지 말라. 실망은 기대를 조정함으로 치료된다.

내가 좋아하는 이야기가 있다. 어떤 사람이 노래하는 잉꼬를 사러 애완동물 가게에 갔다. 독신이라 집 안이 너무 조용했던 모양이다. 가게 주인은 그에게 딱 맞는 새를 내놓았고 그 사람은 그 새를 사왔다.

이튿날 그 사람이 직장에서 퇴근하니 온 집 안이 음악소리로 가득했다. 새에게 먹이를 주러 새장에 갔다가 그는 처음으로 잉꼬의 다리가 하나뿐인 것을 알았다.

외다리 새를 판 주인한테 속은 기분이 들어 그는 전화를 걸어 따졌다.

가게 주인의 대답은 이랬다.

"노래할 줄 아는 새와 춤출 줄 아는 새, 어느 쪽을 원하십니까?"

실망에 빠질 때 생각해볼 만한 질문이다.

하나님의 기쁨은,
그것을 노력의 결과로 얻어낼 수 있다고 믿는 자들이
받는 것이 아니라
자신이 무자격자임을 인정하는 자들이 받는 것이다.

기쁨을 약속하신 하나님

그분은 아홉 번이나 기쁨을 약속하신다. 그것도 엉뚱해 보이는 무리에게 약속하신다.

"심령이 가난한 자." 하나님의 무료 식당에서 음식을 구걸하는 자.
"애통하는 자." "안녕하십니까? 저는 죄인입니다"라는 진실한 소개말로 서로 하나된 '죄인협회' 멤버.

"온유한 자." 밴 클라이번(Van Cliburn)이 연주하는 전당포 피아노. (그는 실력이 하도 좋아 건반이 몇개 없어도 아무도 눈치채지 못한다.)

"주리고 목마른 자." 간이 도시락과 추수감사절 만찬의 차이를 아는 굶주린 고아.

"긍휼히 여기는 자." 백만 달러 복권에 당첨되어 당첨금을 원수들과 나눠 쓰는 자.

"마음이 청결한 자." 나환자들을 사랑하면서도 감염되지 않는 의사.

"화평케 하는 자." 로마의 나무 십자가로 다리를 놓는 건축가.

"핍박받는 자." 지상 지옥을 걷는 동안 애써 천국을 바라보는 자.

바로 이런 순례자 무리에게 하나님은 특별한 복을 약속하신다. 천국의 기쁨. 거룩한 환희.

그러나 이 기쁨은 값싼 것이 아니다. 예수님의 약속은 우리를 겁주려는 술책도 아니요 궐기대회에서 무장해야 하는 정신자세도 아니다. 아니다. 마태복음 5장은 인간의 마음에 대한 하나님의 근본적 개혁을 얘기하고 있다.

네 청각을 잃었느냐?

감히 하나님께 말싸움을 건 사람이 있었다.
모세한테 했던 것처럼 떨기나무에 불을 붙여 보십시오, 하나님.
그러면 따르겠습니다.
여호수아한테 했던 것처럼 성벽을 무너뜨려 보십시오, 하나님.
그러면 싸우겠습니다.
갈릴리에서 했던 것처럼 파도를 잔잔케 해보십시오, 하나님.
그러면 듣겠습니다.
그래서 그 사람은 떨기나무 옆에, 성벽 근처에, 바닷가에 앉아
하나님이 입을 열기를 기다렸다.

하나님은 과연 그 사람의 말을 듣고 응답하셨다.
그분은 불을 보내셨다. 떨기나무에 붙일 불이 아니라 교회에 붙일 불이었다.
그분은 벽을 무너뜨리셨다. 돌로 만든 벽이 아니라 마음의 벽이었다.
그분은 폭풍을 잔잔케 하셨다. 바다의 폭풍이 아니라 영혼의 폭풍이었다.

그리고 하나님은 그 사람의 반응을 기다리셨다.
기다리시고…
기다리시고…
기다리셨다.

그러나 그 사람은 마음이 아니라 떨기나무를, 삶이 아니라 벽돌을,
영혼이 아니라 바다를 보고 있었기 때문에
하나님이 아무 일도 하지 않았다고 단정지었다.
마침내 그는 하나님을 보며 물었다. 당신의 능력을 잃으셨나요?
그러자 하나님은 그를 보시며 말씀하셨다. 네 청각을 잃었느냐?

2

서서 듣고 보기
좋은 여행을 위한 좋은 습관들

성장은 그리스도인의 목표이다.
성숙은 필수이다.

네 가지 건강한 습관

내가 좋아하는 이야기가 있다. 한 남자아이가 자다가 침대에서 떨어졌다. 엄마가 어떻게 된거냐고 묻자 아이는 이렇게 말했다. "몰라요. 처음 올라간 가장자리에 너무 바짝 붙어 있었나 봐요."

우리 믿음도 그렇게 되기 쉽다. 처음 들어선 자리에 꼼짝 않고 있으려는 유혹이 드는 것이다. 너무 오래 되지 않은 과거의 한 시점을 떠올려 보라. 일, 이년 전이면 좋다. 이제 스스로 몇가지 질문을 던져 보라. 그때와 비교해 오늘 내 **기도생활**은 어떤가? **헌금**은 어떤가? 양과 기쁨이 둘 다 커졌는가? **교회**에 대한 충성심은 어떤가? 자신이 자랐다고 말할 수 있는가? **성경공부**는 어떤가? 배우는 법을 배우고 있는가?…

바로 여기, 길러 두면 좋을 네 가지 습관이 있다. 좋은 습관들이 있다는 것을 아는 것은 좋은 일 아닌가? 그것을 당신의 하루의 일부로 삼으라. 그리고 자라라. 그 아이의 실수를 범하지 말라. 처음 들어선 자리에 너무 바짝 붙어있지 말라. 가장자리에 있는 것은 위험한 일이다.

이 땅에서 드리는 당신의 기도는
천국에서 하나님의 능력을 움직인다.

그리하여 "하나님의 뜻이 하늘에서 이룬 것 같이
땅에서도 이루어진다."

기도는 값진 보석

당신이 하나님께 말할 수 있는 까닭은 그분이 들으시기 때문이다. 당신의 목소리는 천국에서 중요하다. 그분은 당신을 아주 진지하게 대하신다. 당신이 하나님의 임재에 들어서면 수행원들은 당신의 목소리를 들으려 고개를 돌린다. 무시당할까봐 두려워할 필요가 전혀 없다. 말을 더듬거나 두서가 없어도, 누구도 당신이 할 말에 마음을 주지 않아도, 하나님은 마음을 주신다.
그리고 들으신다⋯.
집중하여 들으신다. 귀기울여 들으신다. 기도는 값진 보석처럼 소중히 취급된다. 기도의 말은 정화되고 능력을 입어 우리 주님께 향기로운 냄새로 올라간다⋯ 당신의 말은 하나님의 보좌에 이르기 전에는 결코 멈추지 않는다⋯
당신의 기도는 하나님을 움직여 세상을 변화시킨다. 당신은 기도의 신비를 이해하지 못할지 모른다. 그래도 괜찮다. 그러나 이것만은 분명하다. 하늘의 행동은 누군가 이 땅에서 기도할 때 시작된다. 얼마나 놀라운 일인가!

문제는, 하나님이 말씀하시지 않은 것이 아니라
우리가 듣지 않은 것이다.

나침반 방향 점검

내가 전화번호부를 달라 하여 펼친 다음 "복지 혜택 수혜자 명단을 모두 찾았다!"고 말한다면 당신의 반응은 어떨까? 또는 "대학 동창생 명단을 찾았다"든지 "빨간색 차를 가진 사람들이 이 책에 나와 있다"고 말한다면? 당신은 아마도 이렇게 말할 것이다. "잠깐만요! 그 책의 취지는 그게 아닙니다. 그 책은 전화번호부입니다. 전화번호부의 취지는 단순히 특정 도시 주민들의 이름과 전화번호를 일정 기간 동안 알려주는 것 아닙니까?"

취지를 바로 앎으로써만 나는 전화번호부를 바로 이용할 수 있다. 취지를 바로 앎으로써만 성경도 바로 사용할 수 있다….

성경의 취지는 단순히 그 자녀들을 향한 하나님의 구원 계획을 선포하는 데 있다. 성경에 따르면 인간은 잃어버린 바 된 존재이며, 따라서 구원이 필요하다. 자녀들을 구원하기 위해 육신을 입고 오신 하나님이 바로 예수님이라는 것이 성경이 전하는 메시지이다.

성경은 최소 40명의 기자에 의해 16세기에 걸쳐 쓰여진 책이지만 중심 주제는 하나이다. 바로 그리스도를 믿음으로, 구원을 얻는다는 것이다. 외로운 아라비아 광야의 모세로부터 시작되어 외로운 밧모 섬의 요한에 이르러 완성된 성경은 자녀들의 구원에 대한 하나님의 열정과 계획이라는 튼튼한 끈에 하나로 묶여 있다.

얼마나 살아있는 진리인가! 성경의 취지를 이해하는 것은 나침반의 방향을 바로 두는 것과 같다. 방향을 정확히 맞추면 여행이 안전할 것이다. 하지만 방향을 잘못 정하면 결국 어디로 가게 될지 아무도 모른다.

은혜는 삶을 가르친다

내일 자백할 수 있음을 알기에 오늘밤 죄와 타협하는 경우는 혹 없는가?

라스베가스를 방문중인 어떤 사람이 주일예배 시간을 알고 싶어 목사에게 전화를 했다고 한다. 목사는 감동을 받았다. "라스베가스에 오는 사람들은 대부분 교회에 가려고 오는 게 아닙니다." "저도 교회에 가려는 게 아닙니다. 도박과 파티와 여자들 때문에 왔습니다. 다만 생각보다 재미가 절반밖에 없을 경우 주일 아침에 교회라도 가야 할 것 같아서…."

우리도 이 사람처럼 되기 쉽다. 은혜의 참뜻이 그런 것일까? 불순종을 부추기는 것이 하나님의 목표일까? 천만의 말씀이다. "그 은혜는 우리에게 경건치 않은 것과 세상적인 정욕을 버리고 이 세상에서 절제하며 의롭고 경건하게 살라고 가르칩니다"(디도서 2:12). 하나님의 은혜로 우리의 이기심을 버렸다. 그렇다면, 다시 돌아갈 이유가 무엇인가?

여러분이… 죄에서 해방되어 의의 종이 된 것입니다
(로마서 6:17-18).

더 높은 기준을 접한 후

거의 평생 내 옷장은 지저분하기 짝이 없었다. 깔끔함의 논리가 내게는 여간해서 통하지 않았다. 밤에 다시 잘 건데 굳이 침대는 정돈해서 뭐하나? 한 끼만 먹고 설거지를 하다니 말이나 되는 소린가? 침대 발치 마룻바닥에 옷을 벗어 두면 아침에 일어나 다시 입을 때 그 자리에 있어 오히려 편하지 않은가?…

그러다 나는 결혼했다….

지저분한 자들을 위한 12단계 프로그램에 입학한 셈이었다. ("내 이름은 맥스입니다. 나는 청소를 싫어합니다.") 물리치료사의 도움으로 나는 옷을 옷걸이에 걸고 화장지를 화장지 걸이에 거는 데 사용되는 근육을 되찾았다. 내 코는 세제의 향기와 다시 만났다….

그러다 진실의 순간이 왔다. 아내가 일주일간 출타한 것이다. 처음에는 나는 옛 사람으로 돌아갔다. 엿새 동안 지저분하게 지내다 마지막 날 치우면 되겠거니 생각했다. 그런데 뭔가 이상한 일이 벌어졌다. 희한하게도, 지저분한 삶이 불편했던 것이다. 싱크에 더러운 그릇을 두고는 마음이 편치 않았다.

어떻게 된 일일까?

간단하다. 그동안 더 높은 기준을 접해 온 것이다.

우리에게 벌어진 일도 바로 그것 아닐까?…

그리스도를 만나기 전 우리 삶은 통제 불능이었다. 지저분하게 제멋대로 살았다. 그분을 만나기 전까지는 자신이 지저분하다는 사실조차 몰랐다….

어느 날 갑자기 우리는 선을 행하고 싶은 자가 되었다. 옛날 지저분한 삶으로 돌아갈까? 농담하지 말라!

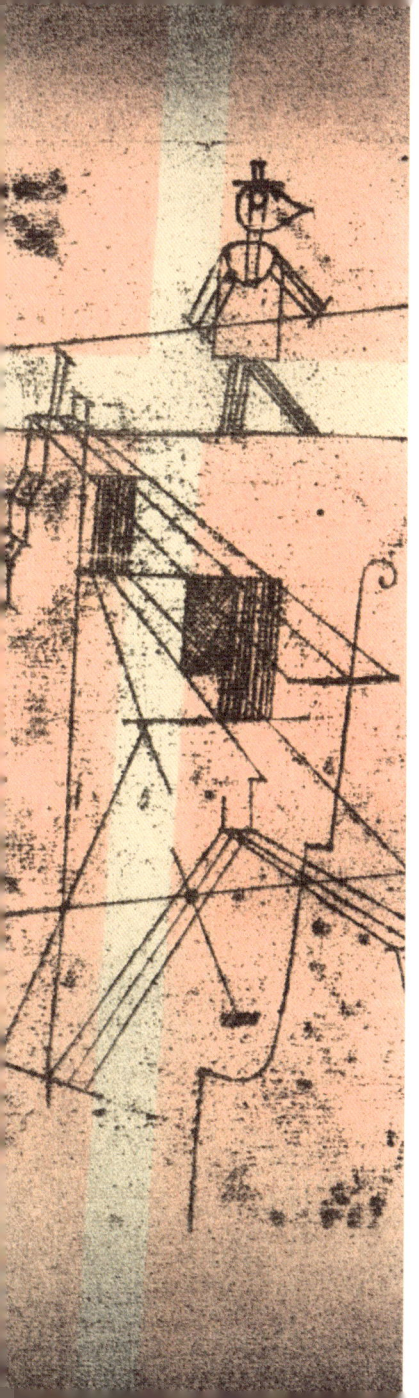

하나님께 비밀이 있는 사람은
하나님께 거리를 두는 자이다.

하나님께 솔직한 사람은
하나님과 가까워진다.

자백의 다리

옛날에 사이가 좋지 않은 두 농부가 있었다. 두 농장 사이에는 본래부터 골짜기가 있었다. 그런데도 두 농부는 서로 상대가 싫다는 표시로 골짜기의 자기편 쪽에 담장을 쌓아 상대가 접근하지 못하게 했다.

세월이 흘러 이쪽 농부의 딸이 저쪽 농부의 아들을 만났다. 둘은 사랑에 빠졌다. 아버지들의 어리석음 때문에 사이가 멀어져서는 안되겠다고 결심한 그들은 담장을 헐어 그 나무로 골짜기 위에 다리를 놓았다.

자백이 그런 것이다. 자백한 죄는 다리가 되고, 우리는 그 다리를 건너 하나님의 임재로 다시 들어갈 수 있다.

하나님은 내 이웃을 사랑하셔서 내 형제 되게 하신다.

풍랑 속의 항해

하나님은 자신의 해군에 우리를 징집하여 자신의 배에 배치하셨다. 배의 목표는 하나. 우리를 안전하게 반대편 해안으로 데려가는 것이다.

이 배는 유람선이 아니라 전투함이다. 우리는 한가한 삶으로 부름 받은 것이 아니라 섬기는 삶으로 부름 받았다. 임무는 사람마다 각기 다르다. 물에 빠진 사람들 때문에 마음이 아픈 이들이 있다. 그들은 사람들을 물에서 건져낸다. 적과의 싸움에 매진하는 이들도 있다. 그들은 기도와 예배의 포대에 병력을 배치한다. 승무원을 위해 헌신하는 이들도 있다. 그들은 승무원들을 먹이고 훈련시킨다.

임무는 달라도 우리는 하나다. 각자가 선장과의 인격적 만남에 대해 얘기할 수 있다. 각자가 개별적으로 부름을 입었기 때문이다. 선장은 항구의 판자촌에서 우리를 찾아 깨우쳐 자신을 따르게 해주었다. 그의 극진한 사랑을 보며 우리는 믿음이 생겼다. 그래서 따라나섰다.

우리는 각자 그분의 은혜의 트랩을 건너 그분을 따라 같은 배에 올랐다. 선장도 하나요 목적지도 하나다. 전투는 치열하지만 배는 안전하다. 하나님이 우리의 선장이시기 때문이다. 배는 침몰하지 않는다. 그 점에 관한 한 조금도 걱정할 게 없다.

은혜에 붙잡힌 바 될 때
우리는 얼마든지
솔직할 수 있다.

하나님께 솔직히

고등학교 때 범했던 내 실수이다…. 우리 야구 코치는 씹는담배라면 절대 엄금이었다. 그것을 몰래 씹는 선수들이 몇 명 있었으나 코치는 절대 그냥 넘어가지 않았다. 그냥 넘어가지 않는 거야 좋았다. 어차피 우리는 얼마 안가 씹는담배를 다 한번씩 해보았다. 더그아웃 벤치에 담배주머니가 돌 때 함께 씹는 것이야말로 남자다움의 진정한 테스트였다. 나는 야구팀에 가까스로 뽑혔었다. 남자다움의 테스트에서 질 수는 없었다.

어느 날, 내가 입안에 담배뭉치를 막 던져 넣는 순간 한 선수가 소리쳤다. "코치 온다!" 나는 잡히고 싶지 않아 본능적으로 담배를 꿀꺽 삼켜버리고 말았다.

성경말씀이 새로운 의미로 다가왔다. "내가 죄를 고백하지 않았을 때에는 종일 신음하다가 지쳤습니다…. 여름의 뙤약볕에 물이 말라 버리듯 내 기력이 쇠하였습니다." 나는 불순종을 숨긴 대가를 치렀다. 내 몸은 담배를 소화하도록 지어진 몸이 아니다. 당신의 영혼은 죄를 품도록 지어진 영혼이 아니다.

솔직히 하나 물어도 될까? 당신은 하나님께 비밀이 있는가? 당신의 삶 중에 '접근금지' 구역이 있는가?

막아 둔 지하실이나 잠가 둔 벽장이 있는가? 자신의 과거나 현재 중 하나님과 절대로 얘기하고 싶지 않은 부분이 있는가?…

담배를 삼켜 속이 메스꺼워진 삼루수한테서 한 수 배우라. 속에 있는 것을 털어내면 기분이 한결 좋아질 것이다.

교만의 감옥을 떠나 반역을 회개할 때
우리는 기쁨을 얻는다.

영혼의 토양

땅을 갈면 밭이 비옥해지듯 자백은 영혼의 토양을 비옥하게 한다. 파종하기 전 농부는 땅을 손본다. 자갈을 골라내고 잡초를 뽑아낸다. 그는 준비된 땅에서 씨앗이 더 잘 자란다는 것을 안다. 자백이란 하나님이 오셔서 걸으시도록 그분을 우리 마음밭에 모시는 행위이다.

"아버지. 여기 탐심의 바위가 있습니다. 제 힘으론 꿈쩍도 안 합니다. 저 담 옆의 죄책감의 나무는 뿌리가 길고 깊습니다. 씨를 뿌리기에는 너무 푸석푸석한 마른땅도 있습니다." 마음의 토양이 가지런히 골라진 곳에서 하나님의 씨는 더 잘 자란다.

그래서 아버지는 아들 예수님과 함께 우리 마음밭을 걸으신다. 땅을 파고 잡초를 뽑아, 열매 맺을 마음으로 준비시키신다. 자백은 영혼의 밭갈이에 아버지를 모시는 일이다. 사면은 잘못을 부인하며 무죄를 주장하지만, 자백은 잘못을 인정하고 용서를 구한다. 자백을 통해 우리가 구하는 것은 사면(amnesty)이 아니라 하나님의 용서(pardon)이다.

네 선택은 무엇이냐?

한쪽에는 군중이 있다.
야유한다.
유혹한다.
다그친다.

다른 쪽에는 한 시골사람이 서 있다.
입술이 부어 있다.
눈도 불거져 있다.
그러나, 약속은 고상하다.

한쪽은 수용을 약속한다.
다른 쪽은 십자가를 약속한다.
한쪽은 육체와 쾌락을 내놓는다.
다른 쪽은 믿음을 내놓는다.

군중은 도전한다. "우리를 따르라. 우리 하는 대로만 해라."
예수님은 약속하신다. "나를 따르라. 굴복하지 말라."

그들은 즐거움을 약속한다.
하나님은 구원을 약속하신다….

하나님이 당신을 보며 물으신다….
네 선택은 무엇이냐?

3

갈림길에서 갈 길 정하기

그들은 스스로 지혜로운 체하지만 사실은 어리석어서
(로마서 1:22).

삶의 목표

누구나 마음속 깊은 곳을 파고 들어가면 거기 의미를 향한 갈망, 목적을 향한 추구가 있다. 숨 쉬는 아이라면 언젠가는 반드시 궁금해질 질문이 있다. "내 인생의 목표는 무엇인가?"

어떤 이들은 직업에서 의미를 찾는다. "내 목표는 치과의사가 되는 것이다." 좋은 직업이지만 존재의 정당한 이유와는 거리가 멀다. 그들은 존재하는 인간이 아니라 뭔가를 행하는 인간이 되려 한다. 그들이 하는 일이 곧 그들의 존재다. 자연히 그들은 일이 많다. 일하지 않으면 정체를 잃기에 장시간 일을 한다.

소유가 곧 존재인 사람들도 있다. 그들은 새 차, 새 집, 새 옷에서 의미를 찾는다. 언제나 소유에서 의미를 찾기에 이들은 나라 경제에 큰 기여를 하지만 정작 본인은 늘 예산이 쪼들린다….

스포츠, 오락, 이단, 섹스를 찾아 나서는 이들도 있다. 그 밖에도 얼마든지 많다.

목표의 사막에 늘어선 그 모든 신기루들…

이제, 우리는 진실에 직면해야 하지 않을까? 하나님을 인정하지 않는 한, 우리는 우주를 표류하는 잡동사니에 지나지 않는다.

하나님은 혼돈의 하나님이 아니시다.

확언컨대, 마음의 혼돈 상태에서도
신실하게 그분을 찾는 이들을 보실 때마다
하나님은 무슨 수를 써서라도
그들에게 자신의 뜻을 보여 주신다.

하나님의 뜻 알기

하나님의 뜻이란 그분의 임재 안에 시간을 보냄으로 아는 것이다. 하나님의 마음을 아는 열쇠는 그분과 친밀한 관계를 맺는 것이다. **인격적인** 관계다.

하나님은 사람마다 각기 다른 방법으로 말씀하신다. 하나님이 모세에게 불붙은 떨기나무를 통해 말씀하셨다고 해서 우리가 다 떨기나무 옆에 앉아 하나님의 말씀을 기다려야 한다는 뜻은 아니다.

하나님은 물고기를 통해 요나의 죄를 깨우쳐 주셨다. 그렇다면 우리도 대형 수족관 앞에서 예배를 드려야 한단 말인가? 아니다. 하나님은 각 사람에게 개인적으로 자신의 마음을 보여 주신다.

그렇기 때문에 바로 **당신** 자신이 하나님과 함께 걷는 것이 절대적으로 중요하다. 그분의 마음은 가끔 한번씩 나누는 잡담이나 일주일 단위의 방문으로 알 수 있는 것이 아니다. 하루하루 날마다 그분의 집에 거할 때 우리는 그분의 뜻을 알게 된다….

그분과 함께 오래오래 꾸준히 걸으면 그분의 마음을 알게 된다.

나는 사랑을 택한다

조용하다. 이른 시간이다. 커피는 따뜻하다. 하늘은 아직 어둡다. 세상은 아직 잠들어 있다. 새 하루가 기지개를 켜고 있다.

몇 분 후면 새 날이 당도할 것이다. 먼동이 트면서 요란한 소리로 하루가 밝을 것이다. 새벽의 정적은 가고 낮의 소음이 찾아 올 것이다. 고요한 고독은 가고 인간들의 숨가쁜 이동이 시작될 것이다. 결정할 일들과 마감 날짜를 지킬 일들이 이른 아침의 은신처를 헤집고 들어올 것이다. 다음 열두 시간 동안 나는 하루의 온갖 요구에 부딪칠 것이다.

지금 선택해야만 한다. 갈보리 때문에 나는 선택의 자유가 있다. 그래서 나는 선택한다.

나는 사랑을 택한다…

어느 사건도 미움을 정당화할 수 없다. 어느 불의도 원한의 근거가 될 수 없다. 나는 사랑을 택한다. 오늘 나는 하나님과 그분이 사랑하시는 것들을 사랑할 것이다.

나는 기쁨을 택한다…

모든 상황 속에 내 하나님을 모셔들일 것이다. 냉소적이 되려는 유혹을 물리칠 것이다… 그것은 게으른 사상가의 도구일 뿐이다. 나는 사람을 하나님께 지음 받은 인간 이하로는 보지 않을 것이다. 어떤 문제든 하나님을 만날 새로운 기회로만 볼 것이다.

나는 평안을 택한다…

용서받은 자로 살 것이다. 용서할 것이다. 그래야 나도 살 수 있다.

나는 인내를 택한다…

세상의 불편함을 무시할 것이다. 내 자리를 뺏는 사람을 욕하기보다는 오히려 자리를 내줄 것이다. 줄이 너무 길다고 불평하기보다는 기도할 순간을 주신 하나님께 감사할 것이다. 쌓이는 업무에 주먹을 내지르기보다는 기쁨과 용기로 맞이할 것이다.

나는 친절을 택한다…
가난한 이들에게 친절할 것이다. 그들은 외롭기 때문이다. 부유한 자들에게 친절할 것이다. 그들은 두렵기 때문이다. 불친절한 이들에게도 친절할 것이다. 하나님도 나를 그렇게 대해 주셨기 때문이다.

나는 선을 택한다…
속임수로 1달러를 취하느니 차라리 빈손으로 갈 것이다. 잘났다고 뻐기느니 차라리 무시당할 것이다. 남을 비난하느니 차라리 내 잘못을 털어놓을 것이다. 나는 선을 택한다.

나는 신실함을 택한다…
오늘 나는 약속을 지킬 것이다. 내 채권자들은 나를 믿은 것을 후회하지 않을 것이다. 내 동료들은 내 말을 의심하지 않을 것이다. 내 아내는 내 사랑을 의심하지 않을 것이다. 내 자녀들은 아버지가 집에 오지 않을까 봐 조금도 두려워하지 않을 것이다.

나는 온유를 택한다…
힘으로 얻을 수 있는 것은 아무 것도 없다. 나는 온유해지는 길을 택한다. 목소리를 높이는 일은 찬양할 때만 있을 것이다. 주먹을 불끈 쥐는 일은 기도할 때만 있을 것이다. 요구하는 일은 나 자신을 향해서만 있을 것이다.

나는 절제를 택한다…
나는 영적인 존재이다. 이 몸이 죽은 후 내 영혼은 하늘을 날 것이다. 나는 썩어 없어질 것이 영원한 것을 지배하지 못하게 할 것이다. 나는 절제를 택한다. 나는 기쁨에만 취할 것이다. 믿음에만 빠질 것이다. 하나님께만 영향을 입을 것이다. 그리스도에게만 배울 것이다. 나는 절제를 택한다.

사랑, 기쁨, 평안, 인내, 친절, 선, 신실함, 온유, 절제. 그 열매들에 나의 하루를 바친다. 뜻대로 잘되면 감사할 것이다. 실패하면 그분의 은혜를 구할 것이다. 그렇게 이 하루가 다하면 나는 베개에 머리를 눕히고 안식할 것이다.

마음의 불이 곧 발길의 등불이 된다.

마음의 불

당신의 삶을 향한 하나님의 뜻을 알고 싶은가? 그렇다면 이 질문에 답해 보라. 당신의 마음에 불씨를 댕기는 것은 무엇인가? 잊혀진 고아들? 복음이 없는 나라들? 열악한 도심? 외곽의 신도시?

내면의 불을 유심히 살펴 보라!

노래하고 싶은 열정이 있는가? 그렇다면 노래하라!

관리업무에 의욕을 느끼는가? 그렇다면 관리직을 얻으라!

환자들로 인해 마음이 아픈가? 그렇다면 그들을 섬기라!

잃은 영혼들에 부담을 느끼는가? 그렇다면 그들을 가르치라!

젊었을 때 나는 설교에 소명을 느꼈다. 하나님의 뜻을 제대로 읽었는지 확신이 없어 나는 존경하는 한 목사님께 조언을 청했다. 그분의 조언이 지금도 귀에 쟁쟁하다. "꼭 해야 하지 않는 한 설교하지 말게."

그 말을 곰곰 생각하는 사이 나는 답을 찾았다. "나는 꼭 해야 한다. 설교하지 않으면 이 불이 나를 삼키고 말 테니까."

당신을 삼키는 불은 무엇인가?

중요한 일에 성공하라.

탁월함에 대한 열정

권력의 추구가 사람들을 밀어붙이고 있다. 우리들 대부분은 밀거나 혹은 밀리고 있다.

탁월함을 향한 열정과 권력을 향한 열정의 차이를 지적하고 싶다. 탁월함에 대한 갈망은 하나님의 선물이요 우리 사회에 아주 요긴한 것이다. 질을 중시하는 태도와 하나님의 은사를 그분이 기뻐하시는 방식으로 사용하려는 열망이 그 특징이다….

아무도 할 수 없는데 당신이 할 수 있는 일들이 있다. 자녀를 기르는 일일 수도 있고, 집을 짓는 일일 수도 있고, 낙심한 자를 일으켜 세우는 일일 수도 있다. 당신만이 할 수 있는 일들이 있다. 당신은 그 일을 하라고 살아있는 것이다. 인생이라는 거대한 오케스트라 안에는 당신만의 악기와 노래가 있다. 그 악기로 그 노래를 탁월하게 연주하는 것이 하나님께 대한 당신의 책임이다.

그러나 하나님의 영광을 위해 최선을 다하는 것과 자신의 영광을 위해 사력을 다하는 것은 하늘과 땅만큼이나 다르다. 탁월함에 대한 추구는 성숙의 표지이다. 권력의 추구는 유치한 것이다.

> 하나님께 쓸모 없는 사람은 아무도 없다.
> 단 한 사람도 없다.

하나뿐인 나

내 옷장에는 별로 입지 않는 스웨터가 하나 걸려 있다. 너무 작다. 소매도 너무 짧고 어깨도 너무 좁다. 단추도 몇 개 떨어져 나갔고 실밥도 닳아 해어졌다…. 논리로만 하자면 나는 그 스웨터를 치우고 공간을 넓혀야 한다.
그것이 논리의 말이다.
그러나 사랑 때문에 나는 그럴 수 없다.
스웨터에 얽힌 독특한 사연이 나로 하여금 그 스웨터를 버리지 못하게 한다. 남다른 사연이란 무엇인가?… 그것은 한 어머니의 애틋한 모정이 표현된 작품이다. 그 스웨터는 유일무이한 것이다. 하나뿐이다. 다른 것으로 대신할 수 없다. 실 가닥 하나하나 정성스레 고른 것이다. 실밥 하나하나 사랑으로 택한 것이다. 스웨터는 용도는 모두 잃었지만 가치는 전혀 잃지 않았다. 그것이 가치 있는 것은 기능 때문이 아니라 지으신 분 때문이다

시편 기자도 그와 똑같은 마음으로 이렇게 고백했을 것이다. "주는… 어머니의 태에서 나를 베 짜듯이 지으셨습니다."

이 표현을 생각해 보라. 당신은 베 짜듯이 지어진 존재이다. 당신은 우연의 산물이 아니다. 대량 생산품도 아니다. 조립 라인에서 짜 맞춰진 제품도 아니다.

당신은 최고의 장인(匠人)이신 하나님에 의해 세심하게 설계되어 특별한 은사를 받아 사랑으로 이 땅에 보냄 받은 존재이다. 2인자가 설 곳이 별로 없는 사회에서 그것은 기쁜 소식이다…. 봉급 액수나 다리의 각선미로 인간의 가치에 순위를 매기는 사회에서…. 한가지 말하고 싶은 것이 있다. 당신을 향한 예수님의 설계야말로 기쁨의 진정한 이유이다!

"우리를 창조하신 분은 하나님이십니다.
우리는 선한 일을 위해
그리스도 예수님 안에서 창조함을 받았는데
이것은 하나님이 미리 준비하셔서
우리가 그렇게 살도록 하신 것입니다"(에베소서 2:10).

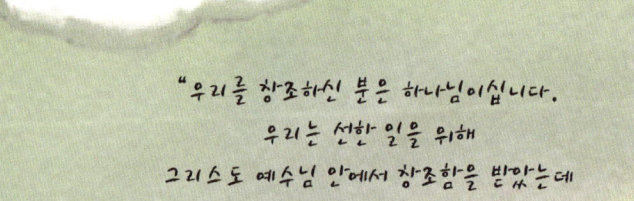

나를 특별하게 만드는 하나님의 서명

당신의 세계에 하나님을 모실 때 당신은 우연이나 불의의 산물이 아니다. 당신은 세상에 보냄 받은 선물이다. 하나님이 서명하신 그분의 예술작품이다.

내가 여태 받아 본 가장 좋은 선물 중 하나는 30명의 전(前) 프로 쿼터백들이 서명한 풋볼이다. 공 자체는 특별할 게 전혀 없다. 그저 스포츠 할인점에서 구입한 것이다. 그 공을 특별하게 만든 것은 선수들의 서명이다.

우리도 마찬가지다. 자연 계통상 호모사피엔스는 특별할 게 없다. 살과 털과 피와 심장을 가진 피조물은 인간만이 아니다. 우리를 특별하게 만드는 것은 우리의 몸만이 아니라 우리 삶에 새겨진 하나님의 서명이다. 우리는 그분의 예술작품이다. 선한 일을 하도록 그분의 형상대로 지음 받은 존재이다. 우리는 중요한 존재다. 우리의 행위 때문이 아니라 우리의 존재 자체 때문이다.

우리가 우주 시스템을 이해한다고 해서,
그 시스템을 넘어서는 어떤 존재가 있다는 사실이
저절로 부인되는 것은 아니다.

전지한 인간?

우리는 폭풍이 생성되는 경위를 안다. 태양계 천체도를 만들고 심장을 이식한다. 해저의 깊이를 측량하고 머나먼 행성으로 신호를 보낸다. 우리는… 우주를 연구해 왔고 그 작동 원리를 배우고 있다.

그리하여, 어떤 이들에게는 신비감의 상실이 곧 경이감의 상실로 이어졌다. 우리는 아는 것이 많아질수록 믿는 것이 적어진다. 그런데, 이상하지 않은가? 작동 원리를 안다고 신비감을 부인할 까닭이 전혀 없다. 오히려 지식은 경이감을 더 불러일으켜야 한다. 별들을 관측한 천문학자, 심장을 만져 본 외과의사, 해저를 탐구해 온 해양학자보다 하나님께 예배드려야 할 이유가 더 많은 사람이 누구일까? 알면 알수록 창조주이신 그분에 대해 우리는 더 놀라야 마땅하다.

이상하게도 우리는 지식이 늘수록 예배가 줄어든다. 우리는 전기를 발명한 사람보다 자신이 찾아낸 전등 스위치에 더 감탄한다…. 창조주를 예배하기보다 피조물을 예배한다(로마서 1:25 참조).

그러니 경이감이 사라진 것도 놀랄 일이 못된다. 전지(全知)한 인간이 돼버린 것이다.

자력 구원은 단순히 불가능한 일이다.
그것은 피할 수 없는 결론이다.

하나님의 최고 꿈

주의할 것이 있다. 구원은 하나님이 주신 것이다. 하나님이 이루신 일이다. 하나님의 능력으로 된 일이다. 하나님이 시작하신 일이다. 선물은 인간 쪽에서 하나님께 가는 것이 아니다. 하나님께로서 인간에게 온 것이다. "그러므로 우리가 하나님을 사랑한 것이 아니라 하나님께서 우리를 사랑하셔서 자기 아들을 보내 우리를 죄에서 구원하는 제물로 삼아 주셨습니다"(요한일서 4:10).

우리는 달에 접근하려 했지만 달 표면에서 발을 떼기는 힘들었다. 수영으로 대서양을 횡단하려 했지만 암초 부위를 넘어설 수 없었다. 구원의 에베레스트에 올라보려 했지만 산비탈 등반은 고사하고 아직 베이스캠프도 떠나지 못했다. 한마디로 무리한 탐험이다. 우리에게 필요한 것은 물자나 근육이나 기술의 향상이 아니다. 하늘로 떠오를 헬리콥터가 필요한 것이다. 상공을 선회하고 있는 헬리콥터 소리가 들리지 않는가?

"하나님께 **의롭다**는 인정을 받을 수 있는 길이 열렸습니다"(로마서 3:21). 이 진리를 끌어안는 것이 극히 중대한 일이다. 하나님의 최고의 꿈은 우리를 부자가 되게 하거나 성공하게 하거나 인기 있게 하거나 유명해지게 하는 것이 아니다. 하나님의 꿈은 우리를 그분 앞에 의롭게 하는 것이다.

하나님 없는 삶

말 속에 이미 그 뜻이 들어 있다. 하나님이 빠진 삶.
하나님을 경멸하는 삶보다 더 악하다.
하나님을 아예 무시하기 때문이다.
경멸은 최소한 하나님의 존재를 인정한다.
하나님 없는 삶은 그 존재마저 부정한다.
경멸은 사람들을 불경한 행동으로 이끈다.
무시는 사람들로 하여금 마치 하나님이 상관조차 없는 존재인 것처럼,
하나님이 인생 여정에 전혀 고려할 요인이 못되는 것처럼 행동하게 만든다.

4

위험과 우회로
속도를 늦춰 사고를 피하라

신념은 바르지만 마음이 잘못된 것보다는
신념이 틀릴지라도 마음이 바른 쪽이 낫다.

하나님 없는 삶

쾌락주의자는 우주를 지으신 손을 한번도 본 일이 없기 때문에 '지금 여기'를 넘어서면 아무런 삶도 없다고 생각한다. 그들은 이 방 바깥에는 진리가 없다고 믿는다. 자신의 쾌락 외에는 목표가 없다. 신적인 요인이 전혀 없다. 그들은 영원한 것에 조금도 관심이 없다….

우리 문화가 아버지의 성(城) 대신 허름한 판잣집에 안주할 때 어떤 일이 벌어질까? 하나님 없는 쾌락의 추구에는 대가가 따를까? 오늘만을 위한 삶에는 값 지불이 있을까?

쾌락주의자는 말한다. "알게 뭐야? 내가 나쁠 수도 있지만 그래서 어쨌다고? 내가 하고 싶은 대로 하고 사는 거지." 그들은 아버지를 아는 것보다 자신의 욕망을 채우는 데 더 관심이 많다. 그들의 삶은 쾌락에 급급한 나머지 하나님에 대해서라면 생각할 시간도 여유도 없다.

옳은 삶일까? 하나님을 조롱하고 즐거움을 좇으며 인생을 살아도 괜찮은 것일까?

바울은 "절대 안된다!"고 말한다.

로마서 1장에 따르면, 하나님을 저버릴 때 우리가 잃는 것은 스테인드글래스 창문 정도가 아니다. 우리는 삶의 기준과 목표와 예배를 잃는다. "그들의 생각은 쓸모 없고 그들의 어리석은 마음은 어두워졌습니다. 그들은 스스로 지혜로운 체하지만 사실은 어리석어서"(로마서 1:21-22).

하나님께 이미 받은 용서보다 더 큰 용서로
남을 용서할 일은 절대 없을 것이다.

복수는 사나운 불

원한은 감정의 코카인이다. 혈액 공급량을 늘려 주고 에너지 레벨을 높여 준다.

그러나 역시 코카인처럼 원한도 갈수록 복용량이 많아져야 하고 복용 횟수도 잦아져야 한다. 분노가 더 이상 감정이 아니라 하나의 동력이 되는 위험한 지점이 있다. 복수심에 젖은 사람은 자신도 모르는 사이에 용서의 능력에서 점점 멀어진다. 분노 없이 산다는 것은 곧 에너지원 없이 산다는 것이기 때문이다. 그래서 한 맺힌 이들은 아무나 들어주는 사람만 있으면 푸념을 늘어놓는다. 자신의 불에 계속 부채질을 하고 싶은 것이다. 실은 그래야만 한다….

원한은 또 다른 면에서도 코카인을 닮았다. 코카인은 중독자를 죽음으로 몰아갈 수 있다. 분노도 분노한 자를 죽음으로 몰아갈 수 있다…. 원한은 영적으로도 치명적일 수 있다. 원한은 영혼을 오그라들게 한다.

미움은 주인을 공격하는 미친개이다. 복수는 방화한 사람을 삼키는 사나운 불이다. 원한은 사냥꾼을 덮치는 덫이다. 그러나 자비는, 그 모든 것을 자유케 할 수 있는 길이다.

당신 마음에 구멍이?

상처는 오래된 것일 수 있다. 당신을 학대했던 부모, 당신을 무시했던 교사… 그래서 당신은 화가 나 있다. 상처는 새로운 것일 수도 있다. 당신에게 빚진 친구가 새 차를 몰고 지나간다. 승진을 약속하며 당신을 채용한 사장이 당신의 이름을 발음하는 법조차 잊어버렸다. 가까운 친구들이 당신만 쏙 빼놓고 주말여행을 떠났다…. 그래서 당신은 상처를 입었다.

한편으로는 마음이 상했고 한편으로는 분노가 치민다. 한편으로는 울고 싶고 한편으로는 싸우고 싶다. 뜨거운 눈물이 솟구친다. 심장에서 나오는 눈물이다. 마음속에 불길이 타오른다. 분노의 불길이다. 삼킬 듯 활활 타오른다. 그 불꽃이 복수의 주전자 밑으로 옮겨 붙는다.

당신에게는 결정이 남아 있다. "불을 끌 것인가, 더 지필 것인가? 그냥 넘길 것인가, 그대로 갚아 줄 것인가? 털어낼 것인가, 앙심을 품을 것인가? 내 상처를 치유할 것인가, 상처가 증오로 악화되게 할 것인가?"… 원한이란 께름한 기분을 계속 품겠다는 고의적 결정이다. 볼썽사납고 흉한 악감정으로 굳어져 으르렁거릴 때까지 말이다….

불충실한 것은 잘못이다. 복수는 나쁜 것이다. 그러나 최악의 상태는 따로 있다. 용서가 없는 한 결국 남는 것은 원한뿐이다.

갈등은 불가피하지만 싸움은 선택하기 나름이다.

말다툼의 해답

언젠가 내 아내가 원숭이를 한 마리 사왔다. 나는 우리 집에 원숭이가 있는 게 싫었다. 그래서 반대했다.
"음식은 어디서 먹일 거요?" 내가 물었다.
"우리 식탁에서요."
"잠은 어디서 재울 거요?" 다시 물었다.
"우리 침대에서요."
"냄새는 어떻게 하고?" 계속 따졌다.
"나도 당신 냄새에 익숙해졌어요. 원숭이도 익숙해지겠죠."
연합은 상대를 살피는 데서 시작되는 것이 아니라 자신을 살피는 데서 시작된다. 연합은 상대가 바뀌기를 요구하는 데서 시작되는 것이 아니라 나 자신이 완전하지 않음을 인정하는 데서 시작된다….
말다툼의 해답은? 수용이다. 연합의 첫걸음은? 수용이다. 합의가 아니다. 수용이다. 의견일치도 아니다. 수용이다. 타협이나 조정이나 해명이 아니다. 그런 것들도 나중에 올 수 있지만 반드시 첫걸음이 있은 후에만 올 수 있다. 첫걸음은 바로 수용이다.

은혜에 푹 잠길수록 은혜를 더 잘 베풀 수 있다.

미움에 허리 굽는다

오, 미움의 점진적 장악력이여. 미움의 피해는 자동차 앞 유리의 깨진 금처럼 시작된다. 자갈길의 과속 트럭 탓에 내 차 유리에 살짝 흠이 생겼다. 시간이 지나자 흠은 금이 되고 금은 다시 사방팔방으로 퍼졌다. 머잖아 앞 유리는 깨진 선으로 거미줄처럼 얽히고 말았다. 차를 운전할 때마다 과속으로 트럭을 몰던 그 나쁜 놈이 생각났다. 한번도 본 적은 없지만 어떤 작자인지 훤히 알 것 같았다. 분명 게으름뱅이 건달일 것이다. 아내를 속이는 자, 운전석에 술병이 떨어지지 않는 자, 옆집 사람들 잠 못 자게 텔레비전을 크게 틀어놓는 자. 그자의 부주의가 내 시야를 가려놓았다. (운전 외적인 시야에도 좋은 영향을 주지는 못했다.)

'맹목적 분노'라는 표현을 들어 본 일이 있는가? 분노에 눈멀었다는 뜻이다.

분명히 말해 두자. 미움은 당신의 시각을 뒤틀어놓고 허리를 굽게 한다. 원한의 짐은 한마디로 너무 무겁다. 그 부담에 무릎이 휠 것이요 그 무게에 마음이 상할 것이다. 등에 증오의 무거운 짐을 짊어지지 않더라도 당신 앞의 산은 이미 가파르다. 가장 현명한 선택 – **유일한 선택** – 은 분노를 내려놓는 것이다. 하나님이 이미 당신에게 베푸신 은혜보다 더 큰 은혜를 남에게 베풀어야 할 일은 전혀 없다.

원수를 갚는 데는 막대한 대가가 뒤따른다.

앙갚음의 비싼 대가

서부영화를 잘 보면 현상금을 목적으로 범인을 쫓는 사냥꾼은 늘 혼자 다닌다. 이유는 어렵지 않게 알 수 있다. 누군들 복수가 생업인 사람 옆에 얼씬거리고 싶겠는가? 자칫 비위에 거슬릴지도 모르는 위험을 뭐라서 자초할 것인가? 나는 사람들이 벌컥 화내는 모습을 여러 번 본 일이 있다. 그 사람이야 내가 자기 말을 듣고 있는 줄 알았겠지만 사실 나는 이런 생각을 하고 있었다. **나는 저 사람 명단에 절대 오르지 말아야 할 텐데.** 길길이 뛰 잇내를 날리는 현상금 사냥꾼들. 혼자 두는 게 낫다. 신경질 잘 내는 자와 어울려 보라. 유탄에 맞을 것이다. 빚을 청산하는 일은 외로운 직업이다. 건강에 안 좋은 직업이기도 하다….

복수하러 나서는 한 당신은 절대 쉬지 못할 것이다. 어떻게 쉴 수 있겠는가? 우선 당신의 적이 영영 빚을 완전히 청산하지 않을지 모른다. 당신이 사과 받을 자격이 있다고 생각하는 만큼 당신의 채무자는 생각이 다를 수 있다. 인종 차별주의자는 끝내 회개하지 않을지 모른다. 극단적 배타주의자는 끝내 달라지지 않을지 모른다. 복수를 구하는 마음은 정당할지 몰라도 당신은 1원어치의 정의도 영영 얻지 못할지 모른다. 설사 얻는다 해도 그것으로 족하겠는가?

오늘의 말더듬이 목자가
내일의 유능한 모세가 될 수 있다.

심판석에서 내려오라

우리는 오늘 아침 비틀거리는 남자를 비난하지만 그가 어제 구타당하는 모습은 보지 못했다. 절뚝거리며 걷는 여자를 판단하지만 그 여자의 신발에 박힌 압정은 보지 못한다. 그들의 눈에 어린 두려움을 비웃지만 그들이 얼마나 많은 돌과 화살을 피해야 했는지는 전혀 알지 못한다. 그들이 너무 시끄러운가? 어쩌면 그들은 다시 무시당할까봐 두려운지도 모른다. 너무 겁이 많은가? 어쩌면 다시 넘어질까봐 두려운지도 모른다. 너무 느린가? 지난번에 서두르다 넘어졌을지도 모른다. 당신은 모른다. 어제의 발걸음을 일일이 쫓아다닌 사람만이 그들을 판단할 수 있다.

우리는 어제만 모를 뿐 아니라 내일도 모른다. 아직 탈고되지도 않은 책을 감히 비판할 것인가? 화가가 아직 붓을 들고 있는데 그 그림에 이렇다 저렇다 판정을 내려야 옳은가? 하나님의 일이 완성되기도 전에 어떻게 감히 한 영혼을 포기할 수 있단 말인가? "여러분 가운데 선한 일을 시작하신 하나님께서 그리스도 예수님이 다시 오시는 날까지 그 일을 완성하실 것을 나는 확신합니다"(빌립보서 1:6).

오르지 못할 산

하나님만이 오르실 수 있는 산이 있다….

마음대로 넘봐서는 안된다는 말이 아니다. 단순히 우리 능력으로 안된다는 말이다…. 당신의 업무 목록에 '구세주'라는 말이 있다면 그것은 당신이 마음대로 집어넣었기 때문이다. 당신의 역할은 세상을 돕는 것이지 세상을 구원하는 것이 아니다. **메시아 산**은 당신이 오르지 못할 산이다.

자기충족 산도 마찬가지다. 당신은 세상을 운행할 수 없고 세상을 지탱할 수도 없다. 당신 생각에는 할 수 있을 것 같다. 당신은 혼자 힘으로 산다. 아무에게도 무릎꿇지 않는다. 그저 소매를 걷어붙이고 또 하루의 12시간 업무에 뛰어들 뿐이다…. 생계 유지나 사업 성장의 문제라면 그것으로 될지 모른다. 그러나 자신의 무덤이나 자신의 죄책에 부딪칠 때면 당신의 힘으로는 어림도 없다.

세상을 움직이는 것은 당신의 일이 아니다. 전능함도 당신과 거리가 멀다. 아울러 당신은 모든 영광을 절대 소화할 수 없다. **박수갈채 산**은 세 봉우리 중 가장 유혹이 강한 산이다. 높이 올라갈수록 사람들의 환호도 커지지만 그만큼 공기도 희박해진다. 정상에 서서 "영광이 내게 있으라!" 하고 소리친 자들이 많았지만, 모두 균형을 잃고 추락할 수밖에 없었다.

죄의 대가는 죽음이지만… (로마서 6:23).

영혼을 죽이는 것

죄는 목숨을 앗아가는 질병이다.
죄는 우리에게 느리고 고통스런 죽음을 선고했다.
전정가위로 꽃을 자르면 죽는 것처럼 죄는 우리 삶을 죽인다. 밑동을 자르면 꽃은 생명의 원천과 분리된다. 그래도 처음에는 예쁘다. 줄기도 꼿꼿하고 색도 좋다. 그러나 시간을 두고 꽃을 살펴보면, 잎사귀가 시들고 꽃잎이 떨어진다. 무슨 수를 써도 꽃은 절대 다시 살지 못한다. 물을 흠뻑 뿌려주어 보라. 밑동을 땅에 꽂아 보라. 비료에 푹 담가 보라. 꽃을 다시 가지에 풀로 붙여 보라. 하고 싶은 대로 다 해보라. 꽃은 죽었다….

죽은 영혼은 삶이 없다.

하나님으로부터 잘라진 영혼은 시들어 죽는다. 죄의 결과는 안 좋은 하루나 안 좋은 기분이 아니라 죽은 영혼이다. 죽은 영혼의 표시는 분명하다. 입술에 독을 머금고 입으로 저주를 발한다. 발은 폭력으로 내달리며 눈은 하나님을 보지 않는다.

사람들이 어떻게 그토록 야비해질 수 있는지 이제야 이해가 된다. 그들의 영혼은 죽었다. 일부 종교가 왜 그렇게 압제적일 수 있는지 이제야 알 만하다. 그들에게는 생명이 없다. 마약 밀매꾼이 어떻게 밤에 잠잘 수 있고 독재자가 어떻게 양심을 두고 멀쩡히 살아갈 수 있는지 이제야 납득이 된다. 그에게는 애초에 양심이 없다.

죄의 완제품은 영혼을 죽이는 것이다.

하나님은 자신의 자녀들을 망쳐놓는 악에 노하신다.

하나님의 분노

하나님은 악에 노하신다.
많은 이들에게 이것은 전혀 생소한 사실이다. 어떤 사람들은 하나님을 잡무에 시달리는 고등학교 교장선생쯤으로 생각한다. 별들을 관리하느라 너무 바빠 우리를 쳐다볼 시간이 없는 분으로 여긴다.
그렇지 않다.
어떤 사람들은 하나님이 자식이라면 사족을 못쓰는 부모인 줄 안다. 자녀의 악에 눈먼 분으로 말이다.
아니다.

어떤 사람들은 하나님이 우리를 너무나 사랑하시기 때문에 우리의 악에 노하실 수 없다고 주장한다.

그들은 사랑이 **언제나** 악에 노한다는 사실을 이해하지 못한다.

많은 이들이 하나님의 분노를 이해하지 못하는 것은 하나님의 분노와 인간의 분노를 혼동하기 때문이다. 양자간에는 공통점이 거의 없다. 인간의 분노는 전형적으로 자기 때문에 생겨나, 성질을 부리며 폭력으로 터지는 경향이 있다. 우리는 누가 나를 얕보거나 무시하거나 속일 때 발끈한다. 이것이 인간의 분노이다. 그러나 하나님의 분노는 아니다.

하나님은 자기 뜻대로 안된다고 화내시는 분이 아니다. 그분이 노하시는 것은, 불순종이 언제나 자멸을 낳는다는 것을 너무나 잘 아시기 때문이다. 자식이 자해를 하는데 옆에 앉아 보고만 있을 아버지가 누가 있겠는가?

하나님은 우리를 바깥에 놓아두는 길보다
집 안에 들여놓는 길을 더 열심히 찾고 계신다

은혜는 논리가 아니다

하나님의 심판은 내게 전혀 문제된 적이 없다. 사실 그것은 언제나 옳아 보였다. 소돔에 벼락이 치고 고모라에 불이 내린다. **하나님, 잘하셨습니다.** 홍해가 애굽인들을 삼켜 버린다. **자업자득이다**….

내 경우 그분의 심판은 쉽게 소화가 된다. 논리적이라 받아들이기 쉽다. 타당성 있어 정리하기 쉽다.

하지만 하나님의 은혜라? 그것만은 어렵다. 예를 들어 본다면? (우선 시간은 충분히 있는가?)

시편기자 다윗은 성 범죄자가 되지만 하나님의 은혜로 다시 시편기자 다윗이 된다…. 십자가의 강도. 죽음을 앞두고 나무에 달려 지옥으로 치닫던 자가 순식간에 천국을 약속 받고 미소짓고 있다.

사연은 끝이 없다. 기도는 끝이 없다. 충격은 끝이 없다…. 은혜를 찾아 하나님께 왔다가 은혜를 얻지 못한 자가 있었다면 단 한 영혼만 찾아 보라…. 재기의 기회를 구하며 왔다가 혹독한 설교만 듣고 떠난 자를 단 한 사람만 찾아 보라.

찾을 수 있으면 찾아 보라. 어림도 없을 것이다.

하나님께 찬양

주님은 위대하신 하나님입니다.
주님의 성품은 거룩하십니다.
주님의 진리는 절대적입니다.
주님의 힘은 끝이 없습니다.
주님의 징계는 공정합니다.

주님은 위대하신 하나님입니다.
주님의 지식의 산에는 봉우리가 없습니다.
주님의 사랑의 바다에는 해안이 없습니다.
주님의 신실하심의 옷에는 터진 데가 없습니다.
주님의 말씀의 돌에는 갈라진 틈이 없습니다.

주님은 위대하신 하나님입니다.
주님의 인내는 우리를 놀라게 합니다.
주님의 아름다움은 우리를 얼어붙게 합니다.
주님의 사랑은 우리를 감동시킵니다.

주님은 위대하신 하나님입니다.
주님의 공급은 우리의 필요를 채우고도 남습니다.
주님의 빛은 우리의 길을 밝히고도 남습니다.
주님의 은혜는 우리의 죄를 덮고도 남습니다.

주님은 위대하신 하나님입니다.
인색한 우리조차도 증거하지 않을 수 없습니다.
주님의 계획은 완전합니다.
주님은 절대 이르지도 않고 늦지도 않습니다.
지체하지도 않고 서두르지도 않습니다.
주님은 때가 차매 그 아들을 보내셨고
역시 때가 차매 다시 오실 것입니다.
주님의 계획은 완전합니다.
어리둥절하여 이해가 안가고 어려울 때도 있지만
언제나 완전합니다….

5

둘이면 더욱 좋다 당신의 길동무

늘 곁에 계신 하나님

일곱 살 때 나는 가출한 적이 있다. 아버지의 지긋지긋한 규율을 감사하지만 사양하고 내 맘대로 살기로 했다. 종이가방에 옷을 싸 담고는 뒷문을 박차고 나가 골목길을 당당히 걸었다. 탕자처럼 나도 아버지가 필요 없다고 단정했다. 그러나 탕자와는 달리 멀리 가지 못했다. 골목 끝까지 가자 배고프다는 생각이 났다. 그래서 집으로 돌아왔다.

그러나 짧은 반항도 어쨌든 반항이었다. 당신이 담과 담 사이 그 탕자의 길에서 나를 불러 세워 아버지가 누구냐고 물었다면, 내 입에서는 그때의 심정이 술술 흘러나왔을 것이다. 나는 다짜고짜 이렇게 말했을 것이다. "난 아버지가 필요 없어요. 집안의 규율을 지키기에는 이제 너무 컸다고요. 나는 납니다. 나하고 이 종이가방만 있으면 돼요…."

나는 베드로처럼 닭 울음소리는 듣지 못했다. 요나처럼 물고기의 트림도 느끼지 못했다. 탕자처럼 옷과 반지와 신발을 얻지도 못했다. 그러나 그 세 사람이 하늘 아버지한테서 배운 것을 나는 육신의 아버지를 통해 배웠다. 우리 하나님은 내가 잘할 때만 좋아하다 정작 어려울 때는 등돌리는 그런 아버지가 아니다. 그분은 사랑의 미명하에 우리를 그냥 내버려두는 분이 절대 아니다. 나는 내 품행과 무관하게 언제나 내 곁에 계시는 그분을 의지할 수 있다. 당신도 마찬가지다.

하나님의 이름을 가슴에 묻고

미래가 막막하거든 당신을 돌보는 목자 **여호와 라아**께 가라. 공급이 불안하거든 필요를 채우시는 주님 **여호와 이레**께 아뢰라. 문제가 너무 큰가? 평안이신 주님 **여호와 샬롬**의 도움을 구하라. 몸이 아픈가? 마음이 약한가? 당신을 치유하시는 주님 **여호와 라파**가 곧 당신을 맡으실 것이다. 적진에 갇혀 오도가도 못하게 된 군인 신세 같은가? 내 깃발 되신 주님 **여호와 닛시**께 피하라.

하나님의 이름을 묵상하면 하나님의 성품이 되살아난다. 이 이름들을 취하여 당신의 가슴에 묻으라.

하나님은

길을 인도하시는 목자이다.

필요를 공급하시는 주님이다.

폭풍 중 평화를 주시는 음성이다.

병자를 낫게 하시는 의사이다.

군병을 이끄시는 깃발이다.

그리고 무엇보다 그분은… 지금 당신과 함께 계신다.

> 당신의 하나님이
> 태양에 불을 붙이실 만큼 능하신 분이라면
> 당신의 길도 밝히실 수 있지 않을까?

응원하시는 하나님

하나님은 당신 편이시다. "그럴지도 모른다"도 아니다. "한때 그랬었다"도 아니다. "여태 그랬다"도 아니다. "앞으로 그럴 것이다"도 아니다. 하나님은 지금 계신다! 당신 편으로 계신다. 오늘. 이 시간. 이 순간. 당신이 이 문장을 읽는 이 순간. 줄서서 기다릴 필요도 없고 내일 다시 올 필요도 없다. 그분은 당신과 함께 계신다. 그분은 지금 이 순간보다 당신께 더 가까우실 수 없다.

그분의 신실하심은 당신이 잘한다고 커지는 것도 아니요 당신이 못한다고 줄어드는 것도 아니다. 그분은 당신 편이시다.

하나님은 **당신 편**이시다. 옆으로 고개를 돌려 보라. 하나님이 당신의 경주를 응원하고 계신다.

멀리 결승선을 내다 보라. 하나님이 당신의 걸음걸음에 박수를 보내고 계신다. 관람석에 앉아 큰소리로 당신의 이름을 부르고 계신 그분의 음성을 들어 보라. 너무 지쳐 계속 뛰기 힘든가? 그분이 붙들어 주실 것이다.

너무 낙심돼 싸우기 어려운가? 그분이 일으켜 세워 주실 것이다. 하나님은 **당신 편**이시다.

하나님은 **당신 편**이시다. 그분께 달력이 있다면 당신의 생일에 동그라미가 쳐져 있을 것이다. 그분이 차를 몬다면 범퍼에 당신의 이름이 붙어 있을 것이다. 천국에 나무가 있다면 나무껍질에 당신의 이름을 새기셨을 것이다. 그분께 문신이 있음을 우리는 안다. 문신의 글귀도 안다. "내가 너를 내 손바닥에 새겼다"(이사야 49:16).

> 내 영원한 영혼은 천국보험으로 안전하며,
> 예수님은 결코 고객을 저버리시는 분이 아니다.

정말 알고 싶은 것

우리가 알고 싶은 것은 이것이다. 우리는 하나님의 사랑이 얼마나 오래 갈지 알고 싶다…. 구두를 깨끗이 닦고 머리를 잘 빗어 넘긴 부활절 주일만이 아니다. 우리는 알고 싶다. (내면 깊은 곳에서 정말 알고 싶지 않은가?) 내가 바보 멍청이 같을 때 하나님은 나를 어떻게 보실까? 내가 원기 왕성하고 적극적이며 세상의 기아와 씨름할 각오가 돼 있을 때가 아니다. 그때가 아니다. 그때 나를 보시는 하나님의

심정은 나도 안다. 그때는 내가 봐도 내가 마음에 든다. 닥치는 대로 사람을 물어뜯을 때, 생각이 아주 저질일 때, 바위라도 자를 만큼 혀가 날카로울 때, 그때 하나님이 나를 어떻게 보실지 그것이 알고 싶다. 그때 하나님은 나를 어떻게 보실까?…

그것이 우리가 알고 싶은 것이다…. 시간의 속박이 없는 그분은 우리 모두를 보신다. 버지니아 산간벽지에서 런던의 상업지역까지… 모든 방랑자며 부랑아까지, 그분은 우리가 태어나기도 전부터 우리를 보셨다. 그리고 그 보이는 모습을 사랑하신다. 별을 지으신 분이 자랑에 겨워 격한 마음으로 우리를 일일이 한 사람씩 보시며 말씀하신다. "너는 내 자녀다. 내가 너를 진심으로 사랑한다. 언젠가 네가 나를 등지고 떠날 것을 나는 안다. 그러나 네가 알아 둘 것이 있다. 네가 돌아올 길까지도 내가 이미 마련해 놓았다."

집에 가신 예수님은 앞문을 열어 두셨다.

마음의 집

당신의 영혼에 집을 마련해 둔다는 생각은 아마 별로 못 해봤을 것이다. 우리는 몸을 위한 집은 꼼꼼히 잘 짓지만 영혼은 언덕의 오두막집에 팽개쳐 둔다. 밤바람에 한기가 들고 빗물이 들이치는 곳에 말이다. 세상이 차가운 마음으로 넘쳐나는 것도 당연한 일 아닌가?

그렇지 않아도 된다. 우리는 바깥에 살 필요가 없다. 당신의 마음이 베두인족처럼 방랑하는 것은 하나님의 계획이 아니다. 하나님은 당신이 한지에서 안으로 들어와… 그분과 함께 살기 원하신다. 그분의 지붕 밑에는 공간이 충분하다. 그분의 식탁에는 식기가 준비돼 있다. 그분의 거실에는 당신을 위한 안락의자가 마련돼 있다. 하나님은 당신이 그분의 집에 와 살기를 얼마나 원하시는지 모른다. 그분은 왜 당신과 한 집에 살기 원하실까?

간단하다. 그분은 당신의 아버지이시다.

*하나님이 토성에 고리를 주시고
금성에 섬광을 주실 만큼 자상한 분이라면,*

바로 당신을 위한 것

왜 하나님은 그리하셨을까?

초가삼간으로도 될 텐데 굳이 우리에게 맨션을 주셨다. 꼭 새에게 노래를 주시고 산에 봉우리를 심으실 필요가 있었을까? 얼룩말에 띠를 두르시고 낙타 등에 혹을 달아 주실 의무가 있었을까? 석양을 주홍빛 대신 회색으로 하셨다 해도 우리가 그 차이를 알았을까?… 왜 피조세계를 이 멋진 솜씨로 감싸셨을까? 왜 그런 선물을 주시는 수고를 마다하지 않으셨을까? 당신은 왜 그리하는가? 당신도 똑같이 한다. 나는 당신이 선물을 찾아다니는 모습을 보았다. 몰래 백화점에 가 통로를 바삐 오가는 모습을 보았다. 의무적인 선물 얘기가 아니다. 생일파티에 가는 길에 막판에 약국에 들러 향수를 사는 그런 얘기가 아니다. 특별 쿠폰이나 할인 판매는 다 제쳐 두라. 나는 지금 더없이

> 당신의 필요를 채워 주실 만큼
> 자상하실 가능성도 조금은 있지 않을까?

특별한 그 사람과 더없이 특별한 그 선물에 대해 얘기하는 중이다… 당신은 왜 그리하는가? 휘둥그래지는 눈을 보고 싶어 그리한다. 심장이 멎을 듯한 감격을 엿보고 싶어 그리한다. "나 주려고 산 거예요?" 못내 믿어지지 않는다는 그 한마디 말을 듣고 싶어 그리한다.

당신은 그래서 그리한다. 하나님도 그래서 그리하셨다. 다음번 일출 장면에 숨죽이게 되거나 초원의 꽃을 보며 말을 잃게 되거든 그대로 가만히 있으라. 아무 말 하지 말고 하늘의 속삭임을 들으라. "마음에 드니? 너 보라고 한 거란다."

사람의 힘으로는 할 수 없지만
하나님께서는 다 하실 수 있다(마태복음 19:26).

하나님의 크기는?

자연은 하나님의 작업실이다. 하늘은 그분의 이력서이다. 우주는 그분의 명함이다. 하나님이 어떤 분인지 알고 싶은가? 그분이 하신 일을 보라. 그분의 능력을 알고 싶은가? 그분의 피조세계를 훑어 보라. 그분의 힘이 궁금한가? 그분의 자택 주소로 찾아가 보라. 별빛 하늘 길 10억 번지…

그분은 죄의 대기에 오염되지 않으신다.
역사라는 시간의 흐름에 얽매이지 않으신다.
육체의 노곤함에 방해받지 않으신다.
당신을 지배하는 것도 그분을 지배하지는 못한다. 당신에게 문제가 되는 것도 그분께는 문제가 못된다. 당신을 지치게 하는 것도 그분을 지치게 하지는 못한다. 독수리가 교통체증에 구애받는가? 아니다. 위로 날아오른다. 고래가 태풍 때문에 고민하는가? 물론 아니다. 밑으로 잠수한다. 사자가 길을 막고 서 있는 쥐 때문에 법석을 떠는가? 아니다. 그냥 밟고 지나간다. 그렇다면 하나님은 얼마나 더 이 땅의 문제들 위로 날아오르고 그 밑으로 잠수하며 간단히 밟고 지나실 수 있겠는가!

> 죄의 대가는 당신의 지불능력 이상이다.
> 하나님의 은혜는 당신의 상상력 이상이다.

하나님 우리의 집

당신이 하나님과 분리돼 있다고 생각하지 말라. 그분은 대형 사다리 꼭대기에 있고 당신은 바닥에 있다고 행여 생각지 말라. 당신은 지구에 있고 하나님은 금성에 있다는 생각일랑 깨끗이 내다 버리라. 하나님은 영이시기에 (요한복음 4:24) 당신 곁에 계신다. 하나님 자신이 우리의 지붕이다. 하나님 자신이 우리의 벽이다. 하나님 자신이 우리의 기초이다.

모세는 그것을 알고 이렇게 기도했다. "여호와여, 주는 항상 우리의 거처가 되셨습니다"(시편 90:1). 하나님이 내 집이시라니 얼마나 힘이 되는 생각인가! 집이란 신발을 벗어 던지고 피클과 과자를 먹을 수 있는 곳이요 잠옷만 입고 있어도 남들이 어떻게 볼까 걱정할 필요가 없는 곳이다.

당신의 집은 당신한테 친숙한 곳이다. 침실이 어디 있는지 아무도 당신에게 말해 줄 필요가 없다. 부엌으로 가는 길도 누가 일러 줄 필요가 없다. 세상을 헤쳐 나가려 종일 고되게 일하다가 친숙한 내 집에 온다는 것은 얼마나 위안이 되는가. 하나님도 그와 똑같이 당신에게 친숙한 분이 되실 수 있다. 시간이 가면서 당신은 양분이 필요할 때 어디로 갈지, 보호가 필요할 때 어디에 숨을지, 인도가 필요할 때 어디를 볼지 배울 수 있다. 이 땅의 집이 피난처인 것처럼 하나님의 집도 안식처이다. 하나님의 집은 한번도 약탈당한 적이 없다. 그분의 벽은 한번도 뚫린 적이 없다.

하늘을 날듯 가벼운 걸음

몇해 전 한 사회학자가 산악 등반대를 따라 함께 등반에 나섰다. 여러 현상 중에서도 특히 그는 구름과 심리적 만족감 사이에 특이한 상관관계를 발견했다. 구름이 전혀 없어 꼭대기가 보일 때면 등반대원들은 활력이 넘치며 서로 협조적이었다. 그러나 산 정상이 잿빛 구름에 가리면 그들은 우울해지고 이기적이 되었다.

우리에게도 똑같은 일이 벌어진다. 우리의 눈이 하나님의 위엄에 머무는 한 우리의 걸음은 하늘을 날듯 가볍다. 그러나 발 밑의 땅에 시선을 두면, 돌부리며 갈라진 틈을 지날 때마다 불평이 나오게 돼 있다. 그래서 바울은 이렇게 권면했다. "위에 있는 것을 찾으십시오. 거기는 그리스도께서 하나님의 오른편에 앉아 계시는 곳입니다. 여러분은 하늘에 있는 것을 생각하고 땅에 있는 것을 생각하지 마십시오"(골로새서 3:1-2).

미래에 대한 믿음은 현재의 삶에 능력을 낳는다.

하나님의 생각

우리는 은혜를 구하지만 하나님은 이미 용서를 베풀어 주셨다. (제가 범죄하리라는 것을 어떻게 아셨습니까?)

우리는 양식을 구하지만 하나님은 이미 필요를 공급해 주셨다. (제가 배고프리라는 것을 어떻게 아셨습니까?)

우리는 인도를 구하지만 하나님은 지난 역사를 통해 이미 응답해 주셨다. (제가 구하리라는 것을 어떻게 아셨습니까?)

하나님은 다른 세계에 거하신다….

하나님의 생각은 우리의 생각이 아니다. 우리의 생각과 같지도 않다. 그분과 우리는 같은 동네에조차 있지 않다. 우리는 생각한다. **몸을 지켜 주소서**. 하나님은 생각하신다. **영혼을 구원하라**. 우리는 월급 인상을 꿈꾼다. 하나님은 죽은 자를 살리시는 것을 꿈꾼다. 우리는 고통을 피하고 평안을 구한다. 하나님은 고통을 사용하여 평안을 이루신다. 우리는 "죽기 전에 살리라"고 다짐한다. 하나님은 "죽어라, 그러면 살 것이다"라고 가르치신다. 우리는 녹스는 것을 애지중지한다. 하나님은 영원한 것을 사랑하신다. 우리는 성공을 기뻐한다. 하나님은 우리의 자백을 기뻐하신다. 우리는 자녀들에게 백만불 짜리 미소를 짓는 나이키 스타를 보여주며 "너도 마이클 조던처럼 돼라"고 말한다. 하나님은 피묻은 입술과 찢어진 옆구리로 십자가에 매달린 목수를 가리키며 "너도 그리스도처럼 돼라"고 말씀하신다.

우리에게 기도를 가르치소서

하늘에
하나님의 작품인 피조세계는 제게 이 사실을 일깨워 줍니다. 하늘을 지으실 수 있는 하나님이라면 제 고난에서도 의미를 건지실 수 있다고 말입니다.

계신
나의 주님, 현재 시제의 하나님이 돼주시니
감사합니다.
저의 여호와 이레(공급하시는 하나님).
저의 여호와 라아(돌보시는 목자).
저의 여호와 샬롬(평화이신 주님).
저의 여호와 라파(치유하시는 하나님).
저의 여호와 닛시(나의 깃발이신 주님).

우리 아버지여
저를 하나님 집의 식구로
입양해 주시니 감사합니다.
이름이 거룩히 여김을 받으시오며
제 마음속에서 거룩하소서.
아버지는 모든 것 위에 뛰어나십니다.
제 눈이 주님만 향하도록 힘을 주소서.

나라이 임하옵시며

나라가 임하소서!

주 예수님, 임재하소서!

제 삶의 구석구석을 자유로이 다스리소서.

뜻이 하늘에서 이룬 것 같이 땅에서도

천국의 소리를 잠재우시고 제 기도를 들어주시니 감사합니다.

이루어지이다

사랑하는 아버지, 아버지의 마음을 제게 보여 주소서.

아버지의 열심을 이루기 위한 제 역할을 알게 하소서.

오늘날 우리에게 일용할 양식을 주옵시고

오늘 제 삶으로 주시는 부분을 받아들입니다.

제 행복에 대한 모든 염려를 아버지께 내려놓습니다.

우리가 우리에게 죄 지은 자를 사하여 준 것 같이

아버지, 제가 다른 사람들을 대하는 것처럼 저를 대해 주소서.

우리 죄를 사하여 주옵시고

제 머리 위를 은혜의 지붕으로 덮어 주시니 감사합니다.

갈보리의 나무와 못으로 짜여진 지붕입니다.

주님의 긍휼을 얻거나 늘리기 위해 제가 할 수 있는 일은 아무 것도 없습니다.

주님께 제 죄를 자백합니다.

우리를 시험에 들게 하지 마옵시고
제 작은 손을 아버지의 손으로 꼭 쥐어 주소서.
넘어지지 않게 붙들어 주소서.

우리 아버지여… 우리에게 주옵시고…
우리 죄를 사하여 주옵시고… 우리를… 마옵시고
아버지의 온 교회에 자비를 베푸소서.
특히 인근의 사역자들과
멀리 있는 선교사들을 위해 기도합니다.

나라가 아버지께
제게가 아닙니다.
제 계획들을 아버지 발 앞에 내려놓습니다.

권세가 아버지께
제게가 아닙니다.
힘이 필요할 때 아버지께 갑니다.

영광이 아버지께
제게가 아닙니다.
모든 공로를 아버지께 돌립니다.

영원히 있사옵나이다. 아멘.